Características para la supervivencia

Dona Herweck Rice

Asesor

Sterling Vamvas
Químico, Orange County
Water District

Créditos de imágenes: Portada y pág.1 iStock; pág. 20–21 (fondo) Anthony Pierce/Alamy; págs.22 (inferior), 24–25 (fondo) blickwinkel/Alamy; pág.20 Marvin Dembinsky Photo Associates/Alamy; pág.23 (superior) Juniors Bildarchiv GmbH/Alamy; pág.25 (inferior) The Natural History Museum/Alamy; pág.21 (inferior) Steve Bloom Images/Alamy; pág.15 (ilustración) Tim Bradley; pág.19 (superior) Joel Sartore/Getty Images; pág.17 (medio) Lexa Hoang; contraportada y págs.2–5 (fondo y derecha inferior), 6–7 (fondo), 9–12 (superior), 13 (inferior), 14 (derecha superior), 16–17 (fondo e izquierda inferior), 17–18 (fondo), 22 (superior), 25–26 (fondo) iStock; pág.32 Megan Iatzko; pág.8 (derecha inferior) Cordelia Molloy/Science Source; pág.8 (izquierda superior) NOAA Okeanos Explorer Program, INDEX-SATAL 2010, NOAA/OER; pág.17 (superior) Power and Syred/SPL/Science Source; p.23 (inferior) Wikipedia; pág.18 (izquierda inferior) Art Wolfe/Science Source; págs.28–29 (ilustraciones) Janelle Bell-Martin; todas las demás imágenes cortesía de Shutterstock.

Teacher Created Materials
5301 Oceanus Drive
Huntington Beach, CA 92649-1030
http://www.tcmpub.com

ISBN 978-1-4258-4677-0

Contenido

¡Qué vida!

¿En qué lugar de la Tierra te gustaría vivir? ¡Es probable que puedas encontrar la forma de vivir allí! ¿Quieres vivir en un desierto ardiente? Las casas construidas bajo tierra o con un buen aire acondicionado pueden ayudarte a vivir cómodo en el calor. ¿Quieres vivir bajo el mar? Una casa hermética con ingreso de aire puede ayudar a que eso suceda. ¿Y qué dices de vivir en una **tundra** helada? Unas paredes gruesas y un buen abrigo pueden ayudar a que sea posible.

pingüinos rey

Adaptar proviene del latín y significa "adecuar".

Nosotros, los seres humanos, podemos tolerar las condiciones de casi cualquier lugar donde nos guste vivir. Tenemos cerebros asombrosos que hacen que muchas cosas sean posibles para nosotros. Pero, ¿qué sucedería si *no pudiéramos* usar nuestros cerebros para ayudarnos a sobrevivir a las condiciones de nuestro **medio ambiente**? Nuestros cuerpos deberían **adaptarse** para hacer posible la vida.

pez sapo payaso

mochuelo boreal

La adaptación es la clave para las **especies** animales. Las cualidades que ofrecen una mejor probabilidad de supervivencia se acrecentan en una especie. Las cualidades que no respaldan estas probabilidades desaparecen, ¡o desaparece la especie!

Las especies se aferran a lo que los hace más aptos para sobrevivir. Por supuesto, una especie no piensa simplemente: "Eh, esto funciona bastante bien para nosotros. ¡Conservémoslo!". La especie no elige nada. Más bien, el cuerpo del animal se adapta con el tiempo.

Pero al hogar de una especie pueden llegar cambios repentinos. Una sequía puede interrumpir el flujo de agua. Las fuentes de alimento podrían agotarse. O el fuego podría destruir el hogar de una especie. Las especies no se adaptan rápidamente a cambios tan grandes. Deben mudarse a un nuevo hogar o quizás se extingan.

Los perros no sudan por la piel como lo hacen los seres humanos. Se han adaptado al jadeo, que hace circular el aire por el cuerpo y los refresca.

Cinco súper sentidos

Las especies dependen de sus sentidos del gusto, el tacto, el oído, el olfato y la vista para sobrevivir.

Oído

Las ballenas se comunican entre sí a través de muchas millas de agua oceánica.

Vista

Los búhos que deben divisar a su **presa** desde grandes distancias han desarrollado una vista muy aguda.

Olfato

Los tiburones se han adaptado para olfatear y ubicar una sola gota de sangre.

Gusto

Los seres humanos han desarrollado un rechazo a los alimentos que saben amargos ya que estos alimentos son, a veces, venenosos.

Tacto

Las plantas, como la venus atrapamoscas, tienen hojas sensibles que sienten cuando un delicioso bocadillo aterriza sobre ellas.

Características de poder

Las **características** son cualidades que existen en el ADN. Existen características físicas, como el color de los ojos y la forma de los dientes. Y existen **instintos**, como el impulso de cazar o aparearse.

Entre estas características están las de supervivencia. Estas son cualidades que ayudan a una especie a vivir y a **prosperar**. Muchas de ellas son adaptaciones. Las adaptaciones ayudan a las especies a adaptarse al medio ambiente. Estas adaptaciones pueden cambiar con el tiempo para darles a las especies la mejor posibilidad de sobrevivir. Sin estas características, muchas especies habrían muerto hace muchos años.

Algunas características son comunes, y es posible que las conozcas bien. Pero algunas características no son comunes, ¡y son tan inusuales como podrías imaginarlo!

Pez trípode

El pez trípode se ha adaptado para no tener que buscar su comida. El cuerpo del pez tiene puntas huesudas que lo anclan al suelo oceánico. Se pone de frente a la corriente con la boca abierta y ¡el alimento entra flotando a su boca!

El cuerpo del gato se ha adaptado para ser un excelente cazador. Los ojos le dan una visión nocturna para cazar la presa en la oscuridad.

ADN

La información sobre las características del cuerpo está en sus células. Allí es donde está el ADN. El ADN le dice al cuerpo todo, desde qué color de cabello tienes hasta cómo alimentarse. Todos los seres vivos tienen ADN.

La familia que vive junta... sobrevive

¿Has observado cómo algunos animales viven en grupo? Aunque vivan en manadas, bandadas o familias, trabajan juntos. ¿Por qué? ¡Supervivencia!

La cantidad les da seguridad. Mientras más grande sea el grupo, menos probabilidades tendrán de ser atacados. También significa que pueden ayudarse entre sí si llegara a ocurrir un ataque. Lo mejor, ¡siempre hay alguien atento a la llegada de **depredadores**!

Extraños amigos

Es peligroso para un animal pequeño perderse solo. Si tiene suerte, puede encontrar otro animal más grande y sabio que cuide de él. Esta extraña pareja puede ser curiosa para otros. Pero muchos animales piensan que son la pareja perfecta, sin importar la especie.

Grandes cantidades también significa que hay más animales para encontrar alimento. Por ejemplo, una manada de lobos puede rodear y matar a una presa más fácilmente que un lobo solitario. Y un grupo de animales puede trabajar en conjunto para encontrar nueces y granos para todos.

Otra ventaja de vivir en grupo es que siempre hay otros que cuiden a las crías. Si algunos animales cuidan a las crías, les permite a otros en el grupo realizar tareas necesarias.

Las suricatas viven en un grupo llamado *colonia*.

Más es más

Estos son algunos machos y hembras que trabajan juntos para cuidar a sus crías:

- chinches acuáticas gigantes
- ranas punta de flecha
- ratón ciervo
- pingüinos
- zorros rojos
- suricatas

¡A mudarse!

Los animales se mudan por un motivo: para sobrevivir. Algunos animales se mudan todos los años. Se trasladan de un tipo de **clima** a otro. O se mudan siguiendo a su alimento o para encontrar pareja. Con frecuencia se mudan de regreso a casa cuando el tiempo se vuelve más cálido o el alimento regresa. Esta mudanza se llama **migración**.

La migración es una característica de supervivencia. Les permite a los animales ir a donde necesitan para poder vivir bien. Si los animales tuvieran una característica que les indicara quedarse en un lugar y la especie no pudiera sobrevivir al cambio de las estaciones, la especie eventualmente se extinguiría. En cambio, muchos animales se han adaptado y saben cómo migrar. Esto garantiza que la especie sobreviva.

Las ballenas jorobadas migran hacia aguas más cálidas para dar a luz y criar durante el invierno. En el verano, migran a aguas más frías para alimentarse.

Micromigraciones

Algunas migraciones tardan años en completarse. Otras tardan apenas un día. La medusa del Lago de las Medusas de Palaos flota de este a oeste todos los días, al igual que el sol.

El gaviotín ártico, un tipo de ave, migra todos los años desde el Ártico hasta la Antártida, ¡una distancia ida y vuelta de 32,000 kilómetros (20,000 millas)!

El pulpo imitador se disfraza de estrella de mar.

¡No puedes verme!

¿Qué haces cuando no quieres que te reconozcan? ¡Te disfrazas! De alguna forma, algunos animales también se disfrazan. Tienen una adaptación que hace que sea difícil verlos. Se llama *camuflaje*. El camuflaje les permite confundirse con su entorno. Hace que sea difícil para los depredadores detectarlos.

Existen muchos tipos de camuflaje. El aspecto del insecto palo es el mismo que el de una ramita. Las alas de la mariposa caligo tienen el mismo aspecto que los ojos de un búho. Los búhos pueden parecerse a los troncos de los árboles y los sapos pueden asemejarse a las hojas. Algunos animales hasta cambian el color de piel o la forma para confundirse con el entorno. Por ejemplo, todos los pulpos pueden cambiar su color de piel. Pero el pulpo imitador puede cambiar para parecerse a, al menos, ¡15 criaturas submarinas diferentes!

¡Te engañé!

El pájaro drongo usa el sonido como una forma de camuflaje. Puede imitar el llamado de alrededor de 50 especies diferentes. Usa este talento especial para que los animales abandonen su alimento. Luego lo agarra y se alimenta.

El mimetismo es un tipo de camuflaje que usan los animales que quieren tener un aspecto peligroso para alejar a los depredadores.

Bestias peludas

¡A los seres humanos nos encanta nuestro cabello! Lo lavamos, cepillamos, cortamos y peinamos. Lo usamos de todas las formas que te puedas imaginar. Pero los animales no piensan en cómo se ve su pelo. Necesitan el pelo... ¡para sobrevivir!

El pelo, o pelaje, les da a los animales protección y calor. El buey almizclero es un excelente ejemplo. Tiene el pelaje grueso y enmarañado. Crece muy largo hasta cubrir completamente el cuerpo del buey almizclero. Eso le ayuda al buey almizclero a estar abrigado en la helada tundra donde vive.

El caribú también tiene un pelaje asombroso. Tiene dos capas de pelo que le cubren la piel. Los pelos que están más cerca de la piel son rizados y arrugados, y el pelo que está encima es grueso y hueco. El pelo hueco actúa como **aislante** para conservar el calor corporal del caribú.

A diferencia del cabello humano, los bigotes de los gatos se usan para sentir cosas.

Pelos huecos

Los osos polares tienen el pelaje grueso para estar abrigados en su frío ambiente ártico. Cada pelo es hueco, lo que les brinda aislamiento adicional. Este pelo funciona como traje de buceo para los osos polares.

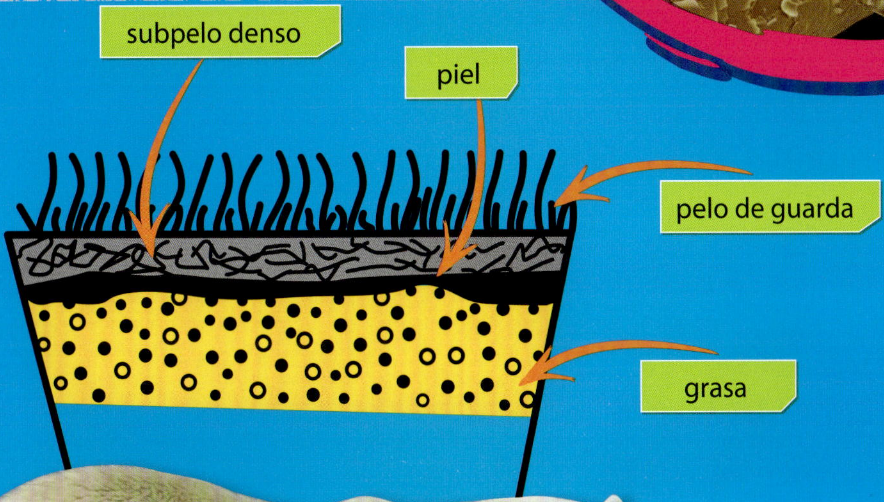

¡Superpiel!

Un oso polar tiene una gruesa capa de grasa para mantenerse abrigado. La piel debajo del pelaje es negra porque el color oscuro conserva mejor el calor. También tiene dos capas de pelaje para tener más abrigo.

¡Espera!

Muchos de nosotros no podemos durar demasiado si no hay una tienda cerca. Y necesitamos el fregadero de la cocina para obtener un vaso de agua. Pero algunos animales se han adaptado para vivir en lugares con poco alimento y agua.

El cuerpo del camello bactriano es perfecto cuando se trata de sobrevivir. Vive con temperaturas heladas en el invierno y calores agobiantes en el verano. Sus dos jorobas están llenas de grasa. Puede utilizar esta grasa si necesita energía o agua. De hecho, ¡el camello puede sobrevivir toda una semana sin beber y meses sin comer!

¡Qué cara!

Los camellos tienen cejas gruesas para bloquear el calor del sol, largas pestañas para proteger sus ojos de las tormentas de arena y fosas nasales que pueden cerrarse y abrirse para bloquear la arena en el viento.

¡Se puede reconstruir!

Algunos animales puede regenerarse o les pueden crecer nuevas extremidades. Lo hacen algunos lagartos y también lo hacen las estrellas de mar. ¡Una adaptación asombrosa!

Los camellos bactrianos ahorran agua corporal debido a que casi no sudan. Solo sudan cuando la temperatura alcanza alrededor de los 41° Celsius (105° Fahrenheit).

Puedo volar

Los seres humanos encontraron una forma de volar con máquinas. Pero muchos animales se han adaptado naturalmente al vuelo. ¿Aviones? ¡Quién los necesita!

¿Por qué volar es una excelente característica de supervivencia? ¡Porque ayuda a los animales a alejarse rápidamente de los depredadores! También ayuda a algunos depredadores a perseguir a sus presas incluso más velozmente. Y cuando el alimento escasea, un animal que vuele puede lograr una buena vista de altura. Puede divisar su próximo alimento desde lo alto del cielo.

El vuelo está acompañado de otra adaptación. ¡La mayoría de los animales voladores tienen pulmones poderosísimos! Para volar se necesita más energía que para correr. Alrededor de una quinta parte del cuerpo de un ave se usa para respirar. Los seres humanos usan apenas una vigésima parte del cuerpo para respirar.

Buenas noches

En algunas áreas con inviernos muy crudos, algunos animales duermen durante meses. De hecho, **hibernan** para conservar la energía. Esta adaptación hace que la actividad dentro del cuerpo del animal baje de velocidad y parecen entrar en un sueño muy muy profundo.

~~Es un pájaro. Es un avión.~~ ¡Es un pez!

El pez volador salta fuera del agua para escapar de los depredadores. Simplemente abre las aletas y vuela por el aire.

Una ardilla voladora no tiene la habilidad de volar. Planea por el aire. Las adaptaciones en su piel le permiten atrapar el aire justo para planear entre los árboles.

pez globo

¡Es ENOOOORME!

Los niños pequeños juegan a hacerse lo más grande que pueden. Para muchos animales, hacerse más grandes es una adaptación que los ayuda a sobrevivir. Cuando se ven amenazados, sus instintos entran en juego. Cambian para parecer más grandes de lo que realmente son.

Uno de los ejemplos más extraños es el pez globo. Cuando se asusta, ingiere aire o agua en una bolsa especial en su cuerpo. Así, se infla como un globo. ¡Solo tarda unos pocos segundos en hacerlo! Puede dejar salir el aire bastante rápido también, y regresar a su tamaño normal.

El lagarto de gorguera y la cobra también usan el tamaño como advertencia. El lagarto de gorguera agita su gorguera y la cobra agita su capucha. Este movimiento es su forma de decir "Te lo advierto. ¡Aléjate!".

Un lagarto de gorguera se come a su presa.

Cómo asustar a un oso

Si estás al aire libre en el bosque y ves un oso, mantente alejado. Pero si no puedes evitar al oso, usa lo que sabes sobre adaptaciones como ayuda.

1. Haz mucho ruido.
2. Párate con tus amigos y familiares para que el grupo se vea más amenazador.
3. Estira los brazos sobre la cabeza para verse lo más grande posible.

Definitivamente no es Bambi

Los ciervos son lindos y tiernos, ¿verdad? No el ciervo de copete. Tiene una adaptación inusual: ¡colmillos! El macho usa los colmillos para luchar contra otros machos por su pareja.

¡Lengüetazo!

El okapi usa su lengua de un pie de largo para arrancar las hojas de las plantas. Pero también puede limpiar sus propios ojos y orejas con su lengua larga y musculosa. ¡Qué asco!

Cuando un ave usa a otra ave para cuidar a sus crías se llama parasitismo de puesta.

¡O tú o yo!

Muchos padres cuidan a sus crías en el mundo animal. Mantienen a los pequeños a salvo para que puedan crecer y tener más crías. Así es como la especie sobrevive.

¡Pero no es así para todos! Algunos animales sobreviven poniendo a otros a cuidar a sus crías. Es extraño, pero cierto.

Muchos tipos de ave cucú ponen sus huevos en los nidos de otras aves. Las otras aves empollan los huevos y cuidan a las crías del cucú. Las crías del cucú con frecuencia son más grandes y fuertes que las otras aves del nido. ¡Hasta pueden llegar a matar a las otras crías!

Esto funciona muy bien para el cucú. Las crías del cucú crecen sin que el cucú tenga que esforzarse. Y la cría se deshace de las otras aves que competirían por su alimento y espacio.

Gusano zombi

Este gusano, bien nombrado zombi, no tiene boca. Transpira ácido de su cuerpo sobre su alimento. El alimento se vuelve líquido y el gusano lo absorbe a través de la piel. De esta forma, puede "comer" carne ¡y hasta huesos!

¡Sobreviviente!

¿Por qué son tan importantes las características para la supervivencia? ¿Por qué es tan importante la adaptación? La supervivencia es clave en el mundo animal. Las características que les dan a las especies la mejor probabilidad de supervivencia son las características que perduran. Las que no, son las que desaparecen. Desaparecen las características o desaparece la especie.

La polilla esfinge morada engaña a sus depredadores al tener el mismo aspecto que una hoja en este árbol.

Para vivir y prosperar, una especie necesita características fuertes de supervivencia. Y con el tiempo, estas características cambian. Nadie puede predecir exactamente cómo será el futuro. Entonces la especie más exitosa podría ser la más flexible. ¡Y la flexibilidad es una característica que tienen los seres humanos!

Las adaptaciones suceden muy lentamente con el tiempo. ¡Incluso pueden tardar miles de años!

Piensa como un científico

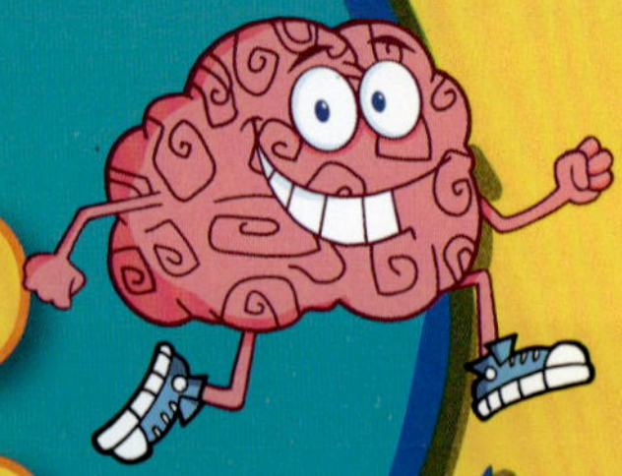

¿De qué manera la forma del pico de un ave afecta lo que come? ¡Experimenta y averígualo!

Qué conseguir

- cronómetro
- cucharas
- mini malvaviscos
- pajillas
- palillos
- pinzas
- tenedores
- vasos plásticos

Qué hacer

1. En grupos de cuatro, pide a cada persona que tome un vaso de plástico. Luego, pide a cada persona que elija un tenedor, una cuchara, una pajilla o unas pinzas.

2. Coloca una pila de palillos en el piso. Programa el cronómetro en 40 segundos. Cuando inicie el cronómetro, usa tu herramienta para levantar tantos palillos como puedas. Registra los resultados en un cuadro como el siguiente.

	Tenedor	Cuchara	Pajilla	Pinzas
Palillos				
Malvaviscos				

3. Repite el paso dos. Esta vez, usa mini malvaviscos en vez de palillos.

4. ¿Qué picos, o herramientas, funcionaron mejor? ¿Cuáles no funcionaron muy bien? Crea un gráfico de barras para mostrar tus resultados. ¿Qué te dice sobre la forma del pico de un ave?

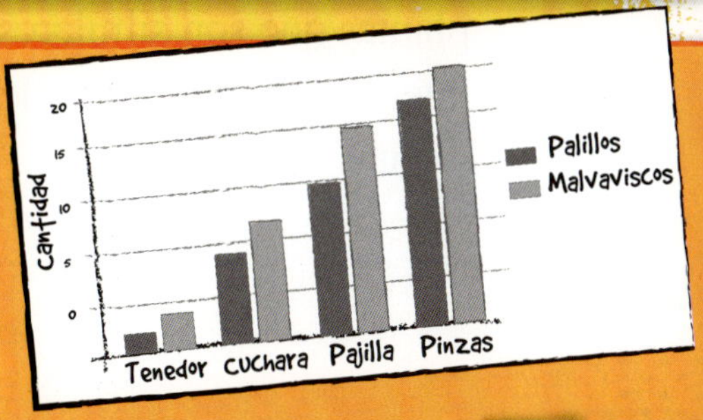

Glosario

adaptarse: cambiar para que sea más fácil vivir en un lugar en particular

aislante: un material o una sustancia que se usa para evitar que el calor entre o salga de algo

características: cualidades que hacen que los seres vivos sean diferentes unos de otros

clima: el estado usual del tiempo atmosférico en un lugar

depredadores: animales que viven de matar a otros animales y comérselos

especies: grupos de animales o plantas que son similares y que pueden producir animales o plantas jóvenes

hibernan: pasan el invierno durmiendo o descansando

instintos: formas de comportarse, pensar o sentir que no se aprenden

medio ambiente: el mundo natural

migración: el acto de trasladarse de un área a otra en diferentes momentos del año

presa: animales que son cazados por otros animales como alimento

prosperar: crecer y desarrollarse exitosamente

tundra: una gran área de terreno llano donde no hay árboles y el suelo está siempre congelado

Índice

¡Tu turno!

Sorprendente tú

Obsérvate un largo rato al espejo. ¿Qué características observas que te dan habilidades especiales para sobrevivir? Piensa también en lo que no puedes ver. ¿Qué características tienes dentro que te ayudan a sobrevivir y a prosperar? Diseña un afiche para tu habitación que demuestre tus sorprendentes características para la supervivencia.